Татьяна Емельянова

История Москвы

GOLDEN LION

Много миллионов лет назад земли, где сегодня стоит Москва, покрывали морские воды. Климат в эту эпоху был жарким.

Потом суша начала подниматься, появились мели и острова.

В теплом мелководном море охотились ихтиозавры и акулы, в небе парили птеродактили.

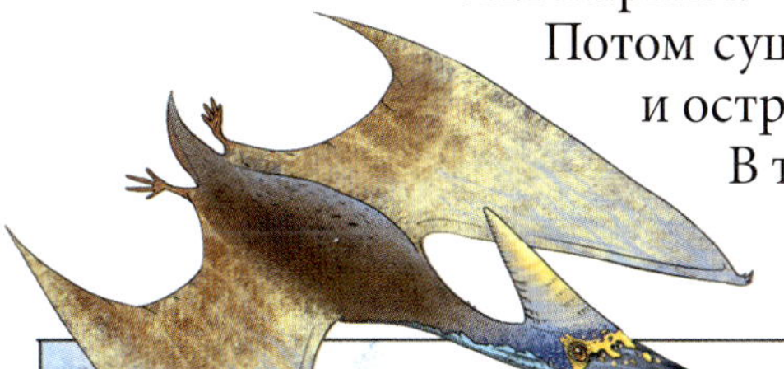

Море то наступало, то отступало, в прибрежных лесах росли невысокие древовидные папоротники и пальмовидные деревья. В лесах и на открытых равнинах обитали гигантские пресмыкающиеся. Но земной рельеф и климат менялись, а вместе с ними менялись и растительность, и животный мир. Образовались реки. В составе флоры появились лавр, платан, магнолия. Среди животных

преобладали саблезубые тигры, шерстистые носороги, медведи, собачьи хищники, мастодонты, бизоны, антилопы.

Теплые периоды отступали перед оледенениями. Сотни тысяч лет назад в суровой арктической тундре с чахлой карликовой растительностью бродили мамонты и мускусные быки, олени, сайгаки…

После отступления ледника на территории области осталось множество озер.

А вот люди появились здесь совсем недавно — первые их стоянки, найденные учеными, относятся к 4–3 тысячелетиям до нашей эры.

Каменный век

Люди охотились на мамонтов, мясо употребляли в пищу, а из бивней делали копья. Как им удавалось выпрямить бивень, неизвестно.

Люди каменного века еще не умели возделывать землю, это были охотники и рыболовы. Селились они на берегах рек и озер. Пользовались огнем, изготавливали костяное и каменное оружие, лепили и обжигали на костре глиняные горшки, делали украшения из костей и зубов животных.

Железный век

Укрепленные поселения

При охоте на пушного зверя стрелы делали с тупым наконечником, чтобы не попортить шкуру.

Люди того времени уже умели обрабатывать металлы — медь и бронзу, вырезали изделия из кости, знали ткачество, лепили из глины горшки и миски, которые украшали орнаментом. Много было деревянной посуды. Из дерева делали и орудия труда.

Сначала в городищах строили длинные дома, разделенные на отдельные помещения, внутри находился открытый очаг. Бревна, из которых делали стены, не скрепляли между собой, а клали одно на другое между вбитых в землю столбов, щели между бревнами замазывали глиной. Крышу покрывали тростником, соломой или дерном.

Такие поселения — сегодня мы называем их городищами — начали строить в V веке до нашей эры, когда земли нынешней Московской области населяли земледельцы и скотоводы. Городища окружали валами с деревянными укреплениями. На месте одного из таких городищ и вырос Кремль.

Юрий Долгорукий 1090-е — 1157

Основателем Москвы называют князя Ростово-Суздальского Юрия Долгорукого, сына Владимира Мономаха. А датой основания города считают 1147 год.

Князя Юрия прозвали Долгоруким за его многочисленные попытки занять престол в Киевской Руси. Где бы князь ни находился, он плел интриги и тянулся к трону в Киеве.

Легенда рассказывает, что в давние времена на берегах Москвы-реки стояли села богатого вятичского главы Степана Кучки. И будто бы, когда проезжал через эти земли князь Юрий, Кучко не оказал ему положенные почести. Рассердился князь и повелел казнить боярина, а его дочь отдал в жены своему сыну Андрею. На землях же Кучки построил город и назвал по имени реки Москвой.

Ладьи между реками тащились волоком и на руках. Волоки были «хлебным» местом – там можно было наняться на работу таскать суда, там же устраивались пункты по сбору пошлины – мыты (Яузское мытище).

«Дом Кучко находился близ нынешних Чистых прудов, а где Кремль – шумел дремучий бор, и там, где теперь церковь Спаса Преображения Господня (Спас на Бору), жил некий пустынник Букал, а на Крутицах человек мудрый Подон, родом римлянин. Кучковых селений было шесть: Воробьево, Симоново, Высоцкое, Кулишки, Кудрино и Сущево».

(Из книги И. Кондратьева «Седая старина Москвы»)

Леса вокруг Москвы были столь глухие и малопроходимые, что два отряда, посланных навстречу друг другу, разминулись, заплутав в лесной чаще.

Андрей Боголюбский
ум. 1174

В 1156 году на Боровицком холме была построена деревянная крепость — будущий Кремль. Считается, что руководил постройкой сын Юрия Долгорукого Андрей. Эту-то крепость и сжег потом князь Глеб, но ее вскоре восстановили.

Андрей Боголюбский, став «самовластцем всей Суздальской земли», основал Владимиро-Суздальское княжество. Столицей княжества был город Владимир, а Москва — далекой провинцией.

Монголо-татарское иго

В декабре 1237 или январе 1238 года «взята татарове Москву и воеводу убиша Филиппа Нянка... а князя Владимира сына Юрьева руками яша, а людии избиша от старца до сущего младенца, и много имения вземше, отыдоша».

Даже когда Москва выделилась в отдельное княжество, московские князья должны были ездить в Орду и получать специальный ярлык на правление. Среди кандидатов на трон разгорались ссоры. Они клеветали друг на друга, из-за чего нередко бывали казнены, и в Орду ехали уже новые кандидаты, обещая ханам собрать более богатую дань со своего народа в обмен на ярлык.

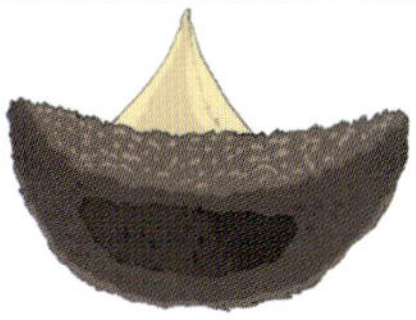

Русская шапка-ушанка произошла от монгольского малахая. Малахай представлял собой колпак из овчины. Его отвороты закрывали щеки от ветра и метели. Позднее отвороты стали разрезать по бокам и пришивать к ним тесемки. В погожие дни отвороты завязывали наверх. Эти шапки стали называть треухами. Они были особенно популярны в XVI–XVII веках, и носили их богатые русские женщины, расшив золотом и камнями.

Русское «сквернословие» состояло в основном из татарских слов, которые приобрели ругательный смысл: голова – «башка», старуха – «карга», старик – «бабай», здоровяк – «болван»; тюркское выражение «бель мес» («не понимаю») превратилось в «балбеса».

Древнерусские меры

1 пуд = 16,38 кг, 1 верста = 1,067 км.
Только с 1918 г. стали мерить в метрах, килограммах и литрах.

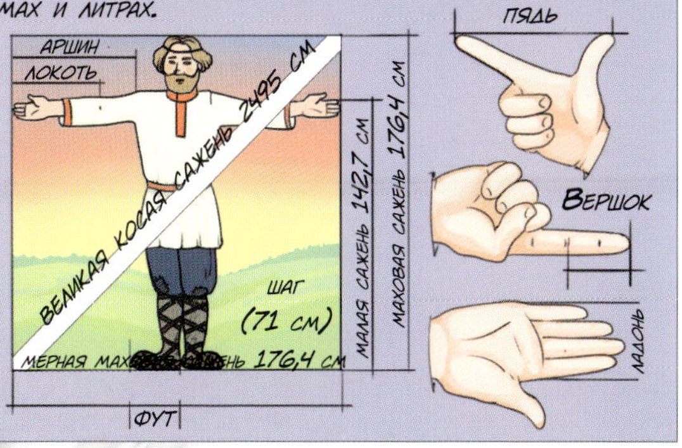

Русские князья женились на монгольских принцессах. Династические браки укрепляли мир.

Ученые считают, что наши теперешние улицы Герцена и Ордынка – это древние дороги, выходившие к Кремлю. Первая вела в Волок Ламский и Новгород, вторая – в ставку золотоордынских ханов.

В плен брали ремесленников и красивых девушек.

Войска Орды вторгались обычно отдельными отрядами с разных сторон. Они продвигались в глубь страны, истребляя и захватывая в полон население, сжигая деревни и пашни и угоняя скот.
Возле укрепленных поселений появлялись наблюдательные отряды, которые готовили осаду.

Иван Калита
ок. 1283–1340

Словом «калита» называли дорожную сумку, мешок для денег. Князь Иван получил прозвище от привычки носить кошель с деньгами на поясе и от накопленных богатств. Он не только подчинял себе других князей с помощью Орды, но и покупал чужие земли, расширяя свои владения. При нем Москва стала сильным городом. Было у князя Ивана и еще одно прозвище — Добрый. Он заботился о безопасности горожан и купцов, сурово преследовал воров и разбойников, покровительствовал нищим. Москва при Иване Калите активно строилась.

Фактическим правителем Московского княжества почти четверть века был митрополит Киевский и всея Руси Алексий.

В 1357 году Алексий отправился в Орду по требованию хана Джанибека для исцеления его жены Тайдулы. Алексий излечил Тайдулу от болезни глаз. В благодарность за исцеление Тайдула подарила Алексию земельный участок в Кремле, занятый ордынским подворьем (или ханскими конюшнями), на котором митрополит в 1365 году основал Чудов монастырь.

Святой старец Сергий Радонежский благословил князя Дмитрия на Куликовскую битву и послал вместе с ним двух воинов-монахов, Пересвета и Ослябю. Пересвет сразился в поединке с ордынским богатырем Челубеем и погиб, поразив врага.

В это время творил знаменитый иконописец Андрей Рублев.

В XIV веке Москва была небольшим городком с крепостью и торгово-ремесленным посадом, который занимал только плоскую вершину Боровицкого холма. Вокруг были разбросаны редкие слободки, перемежаемые лесами с княжескими охотничьими угодьями и пастбищами.

При Иване Калите в Москве был построен первый каменный храм – Успенский собор. Его заложили на территории Кремля 4 августа 1326 года.

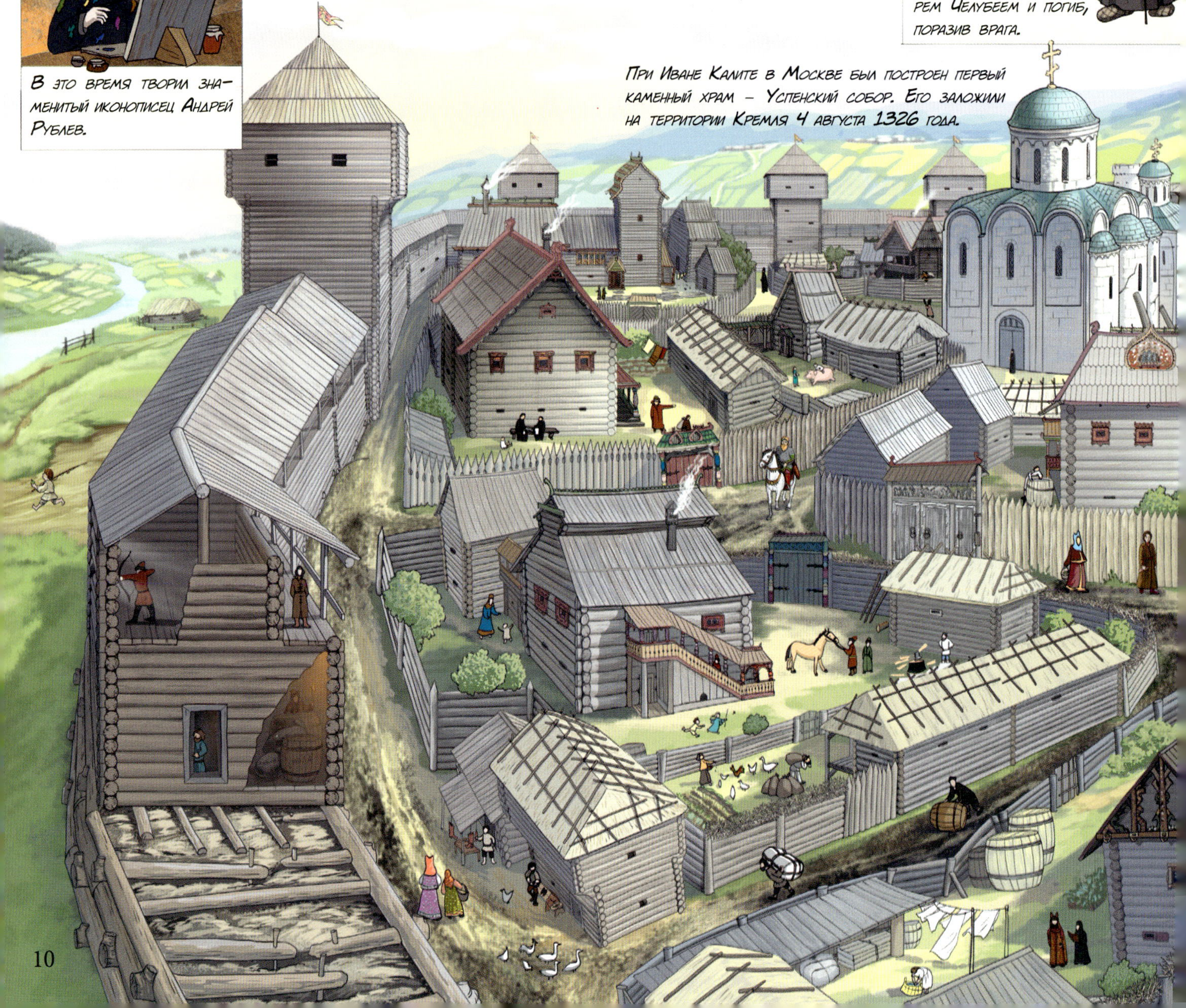

Дмитрий Донской
1350–1389

К концу XIV века Орда ослабела, и Москва перестала платить дань. Тогда на нее двинулся хан Мамай со своим войском. И в 1380 году на Куликовом поле, что находилось у слияния рек Дона и Непрядвы, произошло одно из самых знаменитых сражений в русской истории — Куликовская битва. За победу в ней московский князь Дмитрий Иванович и получил свое прозвище — Донской.

Сколько платила Русь Орде?

По итогам последней ордынской переписи 1275 года, дань составила «по полугривне с сохи». Стандартный вес новгородской серебряной гривны – 200 граммов. Владимиро-Суздальская Русь уплатила Орде примерно полторы тонны серебра (по 100 кг, или 400 рублей с каждой «тьмы»).

Это много, так как своего серебра на Руси не было – его выменивали на товары. Рубль тогда равнялся примерно половине гривны. Он известен только с XIII века и появился, когда стали для выплаты дани разрубать гривну пополам.

Тверское княжество и Новгородская земля платили по 2000 рублей дани.

В период княжения Дмитрия Донского дань с территорий Московского княжества составляла 1280 рублей.

Артиллерия

К середине XIV века в столице Московского княжества наладили производство пороха. Из летописи известно, что в 1400 году произошел крупный пожар из-за неосторожного обращения с порохом: «От пороха погоре Москва».

Тохтамышево нашествие

Считается, что Куликовская битва положила начало освобождению от монголо-татарского ига. Но это было не последнее сражение. В августе 1382 года орда хана Тохтамыша двинулась на Москву. Штурм города длился три дня.

Москва была разорена и сожжена, а за ней – все окрестные города и селения.

В 1352 и 1417 году на Руси были эпидемии чумы. Дворы пустели, некому было хоронить умерших. В 1422 году Русь охватил чудовищный голод.

Грязь на московских улицах была по колено, из-за нее переносились даже крестные ходы.

Василий II Темный
1415–1462

Москва росла, по периметру городского ядра — на ширину более километра — возникла плотная слободская застройка, которую составляли дворы с деревянными домами и хозяйствеными строениями. Центром каждой слободы был приходской храм. В монастырях начали появляться каменные церкви.

В конце XV века из-за огромных пожаров, которые уничтожили даже возводившийся каменный дворец в Кремле, было запрещено строительство на пушечный выстрел от кремлевских стен. Так образовалась площадь Пожар — ныне известная Красная.

В Кремле в зданиях приказов жило ближнее боярство и подчиненное ему московское чиновничество.

Литейное и гончарное производства со слободами литейщиков и гончаров — как пожароопасные — были вынесены за черту города, в Заяузье.

После смерти великого князя Московского и Владимирского Василия Дмитриевича (сына Дмитрия Донского) претендентов на престол оказалось несколько, в том числе его брат, галицкий князь Юрий, и сын, девятилетний Василий Васильевич.

И хотя дядя выгнал Василия из Москвы, бояре поддержали юного князя, и пришлось Юрию Дмитриевичу самому убраться восвояси. Но после смерти князя Юрия в борьбу за московский трон вступили его сыновья Василий Косой и Дмитрий Шемяка. В 1446 году Шемяка захватил Василия Васильевича и ослепил его, потому и прозвали князя Темным. А год спустя Василий Темный стал московским правителем, изгнав Шемяку и его сторонников. В 1450 году он сделал соправителем своего сына, будущего Ивана III, и с тех пор они правили вместе.

Двор (городская усадьба)

Городские усадьбы строились основательно. Дома были трехэтажные, высотой около 9 метров, из толстых бревен. С глубокой древности дом был крепостью от злых духов (в которых верили на полном серьезе). Вещи украшались языческими узорами, обладающими защитными свойствами. В красном углу висели православные иконы.

Во дворе часто были пруд, огород и сад. Отдельно огораживался скотный двор. Нередко на дворе было размещено собственное производство, а на улицу выходили лавки.

В 1404 году в Кремле появились первые механические часы, их построил серб, монах Лазарь.

Ложку носили на груди как талисман.

«Женщины... считаются почти наравне со служанками. Именитые мужи удивительным образом следят за каждым их шагом и весьма тщательно охраняют их целомудрие. Поэтому их не пускают на пиршества и не позволяют ходить к церковным службам в более отдаленные храмы и вообще бесцельно показываться в народе». (Из «Книги о московитском посольстве» Павла Иовия Новокомского)

Всеобщей любовью пользовались юродивые. Они ходили зимой и летом почти нагими, в лохмотьях, с тяжелыми цепями и крестами на шее. Их считали пророками и дозволяли говорить все что угодно, даже указывать на недостатки знатных, о которых никто говорить не смел.

Женщинам строжайше запрещалось резать скот и птицу. Если мужа дома не было, жена выходила на улицу и просила первого встречного помочь ей.

Городские улицы и проезды мостились. К XVI веку все главнейшие московские улицы были уже замощены.

Иван III
1440–1505

Умирая, Василий II разделил земли между своими сыновьями. Старший, Иван, получил 16 городов, включая Москву.

После ранней кончины первой жены Иван III, желая наладить отношения с Западом, решил жениться на Софье Палеолог, племяннице византийского императора Константина. Невеста прибыла в Москву с большим свадебным поездом, впереди которого торжественно шел папский посол с католическим крестом в руках. Иван с радостью принял невесту, но крест приказал спрятать подальше. С Софьей прибыл трон с резным двуглавым орлом. Так появился новый российский герб. Софья была весьма яркой внешности и слыла идеалом красоты. Чтобы походить на царицу, русские знатные женщины стали обильно белить лицо, докрасна румянить щеки и подводить брови сажей.

В 1471 году началось строительство нового Успенского собора. Однако в 1474 году из-за сильного землетрясения недостроенное здание рухнуло. В Москву был приглашен Аристотель Фиораванти, ему обещали огромные по тем временам деньги – десять рублей, то есть два фунта серебра, в месяц. В 1475 году он приступил к стройке; через четыре года московский Успенский собор был закончен. Вскоре построили Грановитую палату.

При Иване III появилось «Хождение за три моря» – сочинение купца Афанасия Никитина о путешествии на Восток.

Чтобы не попасть в плен к ордынцам, царь отсиживался в стоге сена.

Одно из первых документально зафиксированных наводнений в Москве датировано 1496 годом.

В 1493 году за участие в заговоре против Ивана III в Москве заживо сожгли литовского перебежчика князя Ивана Лукомского и переводчика, поляка Матиаса.

В Москве варили мед, твореный квас (был таким же крепким напитком, как и чистое вино), пиво (ол), делали березовицу пьяную (забродивший березовый сок, который сохраняли в открытых бочках).

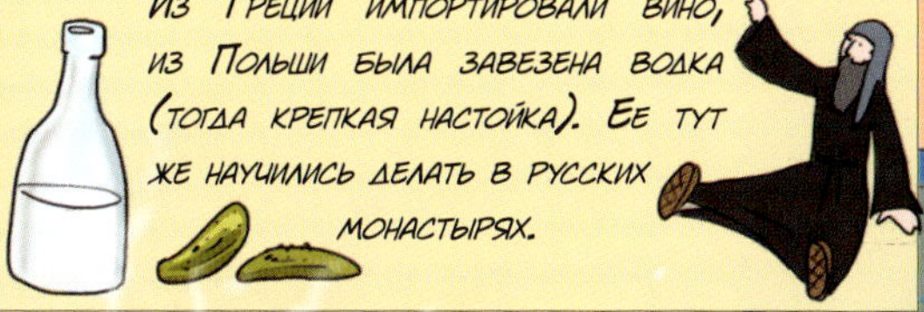

Из Греции импортировали вино, из Польши была завезена водка (тогда крепкая настойка). Ее тут же научились делать в русских монастырях.

В 1476 году Иван III отказался платить ежегодную дань Орде, и в 1480-м на Московское государство двинулся хан Ахмат. Однако дошел он только до устья реки Угры. Противостояние (его назвали стоянием на Угре) продолжалось несколько месяцев, а потом начались морозы, и Ахмат, у которого к тому же не было продовольствия, вынужден был отступить. На этом и закончилось монголо-татарское иго.

В Москве выращивали дыни, и они отлично вызревали, изумляя иностранцев своим размером и сладостью.

Царевич Иван рано остался сиротой (его мать, по слухам, отравили бояре). Мальчик рос садистом и развлекался убийством животных. После женитьбы на кроткой и доброй Анастасии его нрав несколько смягчился, пока любимую жену не убили заговорщики. Царь теперь всюду видел измену и не верил никому из приближенных.

Иван IV Грозный
1530–1584

Однажды царь в гневе оттаскал за волосы послов. Митрополит покорил его, но Иван лишь отмахнулся. Через некоторое время на Москве случился пожар. Царь в ужасе бежал из города. Москва выгорела дотла, а жители, решив, что в поджоге виноваты родственники царицы, взбунтовались. Царь каялся в своих грехах и просил прощения за то, что прогневал Бога своим поведением.

Опасаясь боярского заговора, царь создал особую свиту, опричников, которые должны были следить за его безопасностью. В стране начался настоящий террор. Опричники получили невероятную власть убивать и грабить. Для содержания опричного войска конфисковывались боярские земли. Продолжалось это целых семь лет, с 1565 по 1572 год.

В 1571 г. Девлет-Гирей поджог Москву. Огонь был таким сильным, что в Занеглименье выгорел Опричный двор с царским дворцом, а колокола дворцовой церкви расплавились и стекли на землю.

Когда неясно было, кто виновен, назначался божий суд – судебный поединок. Кто победит, тот и прав.

Купцы были обязаны торговать в новых торговых рядах, а не в мелких лавочках, и платить за аренду.

Царь в припадке гнева убил своего сына. Он тяжело переживал случившееся и практически прекратил репрессии.

Когда в 1552 году русское войско осадило Казань, Иван Грозный усилил 150-тысячное войско мощной артиллерией. Достаточно сказать, что одних только осадных орудий насчитывалось более 150.

Кроме того, мастера соорудили тринадцатиметровую передвижную башню, из бойниц которой грозно глядели стволы 50 легких и 10 тяжелых орудий.

На вооружении стрелецких войск появились ружья. Из них стреляли, оперев на бердыш. Для перезарядки требовалась уйма времени, и стрелков ставили в несколько рядов. Пока одни засыпали порох из специальных мерных мешочков, другие стреляли.

Покаявшись в грехах, Иван Грозный отдал приказ о создании синодика опальных, в который были записаны для церковного поминания имена казненных.

Но числу его жертв не было счета, и их записывали: 20 человек... 30... «ты, Господи, сам веси имена их».

В Москве появляется книгопечатанье. Раньше тиражированием книг занимались монахи, переписывая их от руки. Иван Федоров выпустил книгу Апостол, но, обвиненный в ереси и колдовстве, бежал за границу. Иван Грозный приказал перевести московскую типографию в Александровскую слободу, где уже работали ученики и последователи первопечатника.

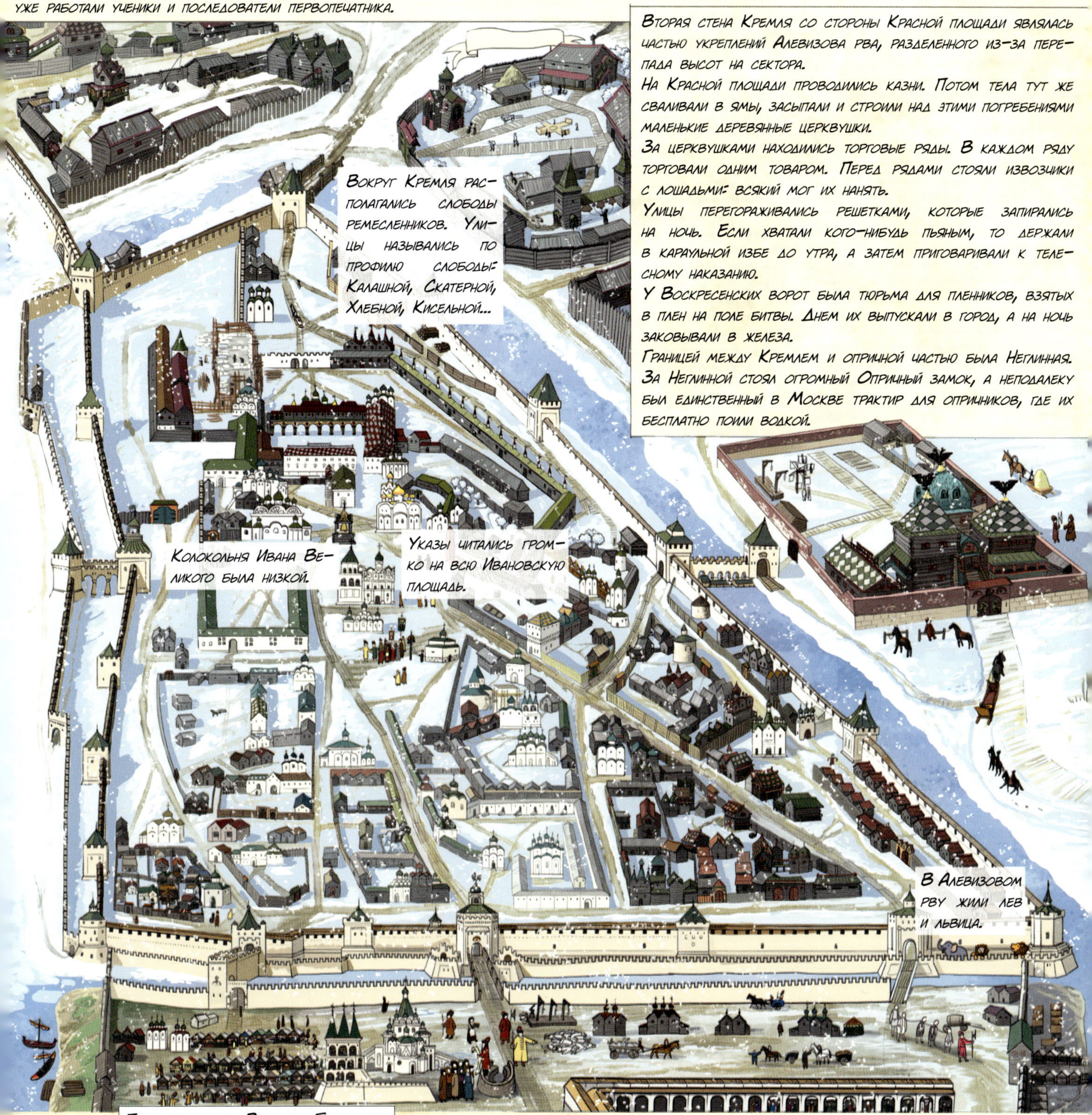

Построен храм Василия Блаженного со стоящей рядом колокольней.

Волхвы предсказали Ивану Грозному день смерти. Утром этого дня Иван решил, что его обманули, и приказал казнить волхвов, но те попросили подождать до вечера. Вечером царь умер.

Федор I Иоаннович
1557–1598

Борис Годунов
1552–1605

Царь Федор I Иоаннович был слабоумен и полностью доверил бразды правления страной шурину Борису Годунову.

1592 год — Годунов от имени царя Федора Иоанновича отменил Юрьев день в угоду служилому дворянству, в котором он нашел опору, что закрепостило крестьян.

По указанию царя Федора Иоанновича на дороге, ведущей из Москвы в царское имение Коломенское, были установлены верстовые столбы высотой около 4 м с орлами наверху. Это, вероятно, были первые верстовые столбы в России. От них произошло выражение «верста коломенская» (о высоком человеке).

1600–1603 гг.

1600–1603 годы были неурожайными, за ними последовал страшный голод. Страна потеряла около трети населения. Сеять было нечего и почти некому. Борис велел раздавать деньги и хлеб нуждающимся. Приток голодающих опустошил казну.

Царь-пушка – средневековое артиллерийское орудие (бомбарда).

Отлита в 1586 году русским мастером Андреем Чоховым. Предназначена для стрельбы картечью. Но никогда не стреляла.

Гибель царевича Дмитрия при невыясненных обстоятельствах дала Годунову шанс занять престол. И он им воспользовался.

Первое типовое домостроение в Москве относится к XVI веку. У нынешней Трубной площади продавали однотипные деревянные срубы.

Через реку Москву перекинут наплавной мост. Позже его отстроят в камне.

На реке были водяные мельницы для общего пользования.

От голода и антисанитарии в Москве начались эпидемии. Царь Борис заботился о населении. Из-за границы были выписаны лекари. Но народ не принял их. По районам, охваченным бедствием, размножились разбойничьи шайки, объединявшиеся в целые армии. В 1603 году крестьянскими волнениями уже была охвачена вся страна (толпы крестьян во главе с неким Хлопком подошли к самым стенам Москвы).

За спасшегося чудом царевича Дмитрия выдавал себя Григорий Отрепьев – монах Чудова монастыря.

В Кремле прошел первый бал.

Лжедмитрий I
?–1606

Марина Мнишек – жена Лжедмитрия – привезла в Россию первую вилку.

Марину Мнишек сопровождала большая свита, которую по приказу царя разместили на дворах бояр, купцов и посадских людей. Москвичи дивились закованным в латы конникам и спрашивали живущих в Москве немцев, есть ли в их стране такой обычай – приезжать на свадьбу в полном вооружении и в латах.

Лжедмитрий после своего воцарения приказал сломать каменный дворец Бориса Годунова, а на его месте построить новый. Дворец самозванца возвышался над кремлевской стеной так, что из него открывался вид на весь город.

От притеснений иностранных гостей назрел мятеж. Лжедмитрий был схвачен и убит. Вместе с самозванцем восставший народ расправился со многими поляками и другими иноземцами.

Борис организовал масштабное строительство в Москве, чтобы обеспечить заработком население. Строителей кормили. Так была надстроена колокольня Ивана Великого.

Годунов очень любил Европу. Он переписывался с английской королевой Елизаветой I, австрийским императором Рудольфом II и римским папой Климентом VIII.

Василий IV Шуйский 1552–1612

Через два дня после убийства самозванца на трон взошел князь Василий Иванович Шуйский, слывший человеком бесчестным и склонным к интриге и обману.

Василий Шуйский возглавлял следствие по делу о гибели царевича Дмитрия, сделавшее нужные Годунову выводы: царевич сам закололся.

Теперь же, чтобы предотвратить появление новых самозванцев, царевича объявили невинно убиенным, святым мучеником, а его мощи торжественно перенесли из Углича в кремлевский Архангельский собор. У его мощей разыгрывали мнимые излечения, что еще более подорвало доверие москвичей.

В следующие семь лет на трон претендовали едва не десятки самозванцев – правда, до престола не добравшихся.

Лжедмитрий II Тушинский вор

Лжедмитрий II объявился зимой 1607 года в Литве. Его войско двинулось к Москве и в 1608 году встало в селе Тушино. Не сумев взять Москву, воеводы Лжедмитрия II блокировали город.

Примечательно, что вдова Лжедмитрия I Марина Мнишек признала в нем своего супруга, чудом спасшегося от рук палачей.

Василий Шуйский обратился за помощью к шведскому королю Карлу IX и получил 15-тысячную наемную армию шведов, немцев и шотландцев, а также собрал русское ополчение.

К осаде Москвы в сентябре 1609 года добавилась новая напасть: польский король Сигизмунд III осадил Смоленск. Внезапно умер талантливый полководец Скопин-Шуйский, которого, как поговаривали, отравила жена царского брата.

Ненависть москвичей обратилась на Василия Шуйского. Царя хотели сначала казнить, но потом решили помиловать. Смертную казнь заменили на монастырь, из которого Шуйский бежал за границу.

Семибоярщина

После смещения Шуйского с престола в Москве установилась Семибоярщина — правление семи бояр. Это был боярский верховный совет во главе с патриархом Гермогеном, временно взявший власть до выбора нового царя. Выбор совета пал на 15-летнего Владислава, сына Сигизмунда III, который должен был принять православие.

Тушино

Московские бояре признали Владислава, в город, якобы для защиты от Лжедмитрия II, вошел польский гарнизон. Поляки грабили государственную казну и утесняли москвичей. Сигизмунд III не снял осады Смоленска и отказывался отпускать сына в Москву. Король намеревался сам занять московский престол и создать русско-польскую унию.

В декабре 1610 года Лжедмитрий II был убит, после чего исчез официальный повод для пребывания польского гарнизона и немецких наемников в Москве. Поляки уходить не хотели и активно сопротивлялись. Загнанные в Китай-город, они запалили Белый город и Замоскворечье. Москвичи в лютый мороз бежали из сгоревших районов города, к которому начали стягиваться основные силы ополчения.

Первое ополчение было создано при поддержке патриарха Гермогена, который освободил москвичей от присяги Владиславу и проклял его и Сигизмунда. Возглавили ополчение рязанский воевода Прокопий Ляпунов, казачий атаман Иван Заруцкий и князь Дмитрий Трубецкой. Русское ополчение штурмовало Москву и захватило ворота Белого города. Поляки и немцы, оборонявшие Новодевичий монастырь, сдались. Однако вскоре в русском стане начались распри, и Первое ополчение распалось.

Второе ополчение возникло в Нижнем Новгороде, во главе его встал земский староста Кузьма Минин. Военное руководство ополчением взял на себя князь Дмитрий Пожарский. Их поддержали многие русские города. Летом 1612 года начались сражения на подступах к Москве и в самом городе, а осенью поляки сдали Кремль. В 1613 году Земский собор избрал на царство Михаила Романова.

Так закончилось в России Смутное время, длившееся с 1598 по 1613 год.

Самозванцы

Терские казаки создали Лжепетра и «царевича Ивана-Августа», «сына» Ивана Грозного от брака с Анной Колтовской. Этому самозванцу покорилась Астрахань и все Нижнее Поволжье. Вслед за ним появился «внук» Грозного, «сын» царевича Ивана Ивановича «царевич Лаврентий». В казачьих станицах самозванцы росли как грибы: явились «дети» царя Федора «царевичи» Симеон, Савелий, Василий, Клементий, Ерошка, Гаврилка...

Эти палочки, являющиеся счетными бирками, назывались «носы». Поговорка «заруби себе это на носу» имела в виду не орган обоняния, расположенный на лице, а именно эти памятные палочки.

Татары в последний раз дошли до стен Москвы. В 1613 году Большая Ногайская орда напала на русские владения. Ногайцы перешли через Оку, «воевали» коломенские, серпуховские и боровские места и достигли даже окрестностей Москвы, где и были разгромлены.

Михаил Федорович
1596–1645

И в самой столице, и на окраинах нового правителя упрекали в излишней «тихости»: его «и не слышно», он не может навести порядок даже в своей семье, а не то что в государстве, и т. п.

В Кремле на скате Боровицкого холма были разбиты набережные сады – Верхний и Нижний. Там посадили прованские махровые розы, виноградную лозу и грецкие орехи.

В 1638 году монгольский Алтын-хан подарил царю Михаилу Федоровичу три пуда чая, с которым тогда не знали что делать. Ученый лекарь вылечил чаем больной кишечник государя Алексея Михайловича – и чай был признан на Руси как «пользительная трава», то есть лекарство.

Женитьба царя

Девушки съезжались в Москву на смотрины, но царю ни одна не приглянулась. Мать посоветовала не гнать невест, а приглядеться к ним получше... ночью. Она заранее выбрала сыну девушку из знатной боярской семьи. Михаил, однако, спутал ее планы и выбрал другую. Вскоре царская невеста заболела и была отослана от двора. Матушка нашла сыну новую партию, и Михаил женился. Молодую царицу отравили через несколько дней после свадьбы. Назначили новые смотрины, и опять царю никто не приглянулся... Обходя ночью спальни девиц, он увидел прислужницу и влюбился. С ней и сыграл свадьбу. Семейная жизнь Михаила Федоровича оказалась счастливой. За время сватовства у царя родилось шесть незаконнорожденных детей.

В 1627 году боярское и дворянское землевладение было уравнено в правах. Как и бояре, дворяне теперь имели право передавать землю по наследству, при условии службы царю.

После прихода Михаила к власти был установлен 5-летний сыск беглых крепостных.

Куранты

В 1625 году под руководством англичанина Галловея перестроили часы на Спасской башне. Над часовой доской неподвижное изображение солнца лучом показывает часы, означенные на часовом круге, который вращается. Это самые большие часы в Москве. Куранты отличались громким звоном, он был слышен более чем на 10 верст.

Попы не имели права служить в церкви, если не были женаты. После смерти жены священнослужитель терял место работы.

В Кремле ночью дежурил караул. Караульные, стоявшие у каждых ворот, постоянно перекликались.

После обеда был обычай спать 2–3 часа. Причем спали не только господа, но и прислуга. Несоблюдение тихого часа осуждалось.

На званых пирах первыми подавали жареных лебедей. Самым торжественным блюдом, предназначенным лишь именитым гостям, была «голова баранья или свиная». Гостю предоставлялось право самому срезать кусочки мяса и раздавать их лишь тем, кто был мил его сердцу. Отдельных тарелок для каждого гостя на столах не было, приборы были подобраны «на пару». Суп часто подавали в одной глубокой миске на двоих, и гости, обернувшись лицом к лицу, хлебали из одной посуды. Считалось что это способствует более тесному общению. Такой обычай вызывал активную неприязнь у иностранцев, они отказывались от еды. В конце пира обязательно каждому подавали пряник, его можно было взять с собой и отнести домой близким.

На задних дворах ставились высокие козлы. Человек ложился на них животом и, опустив голову, опорожнял желудок. После чего вновь отправлялся за стол.

Цифры обозначались буквами. Чтобы отличать буквы от цифр, над буквами с числовым значением писали специальный знак – титло. В случае с денежными суммами титло иногда заменяли надстрочной лигатурой «ру», «де» или буквой «а», соответственно символами рубля, деньги или алтына.

За курение могли посадить в тюрьму.

Русские и иноземные купцы арендовали лавки и склады в торговых рядах. Причем иностранцам в розницу торговать было запрещено – только оптом. Однако на Маросейке, 9–11 стояли палаты Давида Рутса – старшего сына богатого амстердамского купца. Палаты Рутса были построены по красной линии улицы, в первом этаже находились торговые лавки. Московские купцы жаловались, что, несмотря на запрет, Рутс ведет розничную торговлю. Но он на жалобы не обращал внимания, так как исполнял какие-то особые поручения.

Алексей Михайлович
1629–1676

Алексей Михайлович обладал замечательно мягким, добродушным характером. Отсюда его прозвище Тишайший.

В 1667 году велено было приступить к постройке кораблей в селе Дединове на Оке; впрочем, выстроенный тогда же корабль сгорел в Астрахани.

При Алексее Михайловиче проводилось много необходимых стране реформ. Но реформы вызывали недовольство народа, положение которого ухудшали.

Соборное уложение 1649 года закрепило бессрочный сыск беглых крестьян и утвердило крепостное право.

В 1656 году из-за недостатка денежных средств выпущены медные деньги. Но вскоре медный рубль стал цениться в 25 раз меньше серебряного. При этом налог было велено платить серебром, а выплаты из казны делать медными монетами. Царь быстро пополнил казну. Однако крестьяне отказывались продавать зерно, а купцы – товары за медь, и в 1662 году разгорелся Медный бунт. Впоследствии медные монеты были изъяты из обращения.

Соляной бунт

Соль была главным консервантом. Повышение цены на нее обрекало народ на голод.

Степан Разин

Донской казак, предводитель восстания 1670–1671 годов. Принимал в свои ряды беглых крестьян. С увеличением войска решил распространить казацкую вольную жизнь на всю Россию. Он рассылал «прелестные» (прельстительные) письма, в которых призывал на свою сторону всех ищущих воли и желающих служить ему.
Казнен на Болотной площади.

Раскол

Церковная реформа патриарха Никона в 1650-е годы расколола Русскую церковь и привела к появлению многочисленных старообрядческих течений. Никон по подобию греческой церкви настоял на том, чтобы люди крестились тремя пальцами, а не двумя, как ранее. Также были исправлены тексты книг, изменены некоторые церковные правила: сколько поклонов в какой молитве класть и земные эти поклоны или поясные. Тот, кто молился по-старому, считался еретиком и предавался анафеме. С 1667 по 1676 год страна была охвачена бунтами. Старообрядцы совершали нападения на монастыри, захватывали церкви. Устраивали коллективные самосожжения.

В особой Потешной палате для царской семьи ставились спектакли. Арлекин в костюме с ромбами декламировал стихи, акробаты плясали по канату, звучали песни и заграничная музыка.

Царь с царевичами сидел перед сценой, а царица с царевнами могли видеть представление из-за решетки.

Когда представлений не было, развлечь царевичей могли сказочники – бахари. Также при дворце были слепцы, рассказывающие былины, и 100-летние старцы, помнящие давно ушедшие времена.

Расписание царя

Царь вставал рано, в 4 утра. Умывшись, он проходил в домовую церковь на молитву, которая занимала 3–4 часа. Помолившись, царь справлялся о здоровье царицы у слуг. Без разрешения царицы и надобности продолжения рода царь на ее половину не заходил. Царица приходила в столовую, где они вместе слушали заутреню и раннюю обедню. Через два часа, по окончании молитвы, царь приступал к делам государственным, не завтракая (иногда выпив стакан чая без сахара и съев маленькое блюдце каши). К 12 часам дня заседание с боярами и слушание дел заканчивалось. Бояре, ударив челом, удалялись. Наступало время обеда. Иногда на обед царь звал наиболее уважаемых бояр, но чаще предпочитал обедать с царицей. Дети за царский стол не допускались, только по торжественным случаям подросшие царевичи присутствовали на трапезе.

Меню царского стола в обычный день составляли гречневая каша с подсолнечным маслом, ржаная коврига, кувшин вина. После обеда, как водится на Руси, 2–3-часовой сон. Проснувшись, царь шел на вечернюю службу и заседание Боярской Думы. Когда заседания не было, царь проводил время с семьей или просто читал книги. После легкого ужина и вечерней молитвы следовал сон.

На переднем плане хоромы царя. В подклетах размещались хозяйственные службы, кладовые, жилье дворовых людей. В двух подклетах располагались стрелецкие караулы: под столовой и под передними комнатами. За комнатами царя находились хоромы царевича. За ними стояли государева мыльня, оружейная и стряпущие избы. Фасадом к северу стояли хоромы царицы. В задней части дворца располагались хоромы больших и меньших царевен.

Женщины царского рода жили затворницами. Молитва и рукоделие были почти единственным их занятием. В редкие праздники они качались на качелях или катались с гор во дворе. Царевен замуж не выдавали (за холопов выдать зазорно, а при заграничном браке требовалась смена веры), они старились и умирали, не смея выйти из терема.

Основной обязанностью царицы было продолжение рода. Она также руководила своими мастерскими и в летнее время посылала гостинцы с огорода наиболее уважаемым людям.

Федор III Алексеевич 1661–1682

Федор Алексеевич был хорошо образован, знал несколько языков. За шесть лет правления успел провести реформы, и одна из самых важных — уничтожение местничества, обычая, согласно которому каждый получал чины в соответствии с тем, какое место занимали его предки.

Троецарствие

В результате закулисной борьбы боярских кланов за власть на трон были посажены сразу два царя – братья Федора Алексеевича Иван и Петр. Стрельцы настояли, чтобы царевна Софья Алексеевна приняла на себя управление государством по причине малолетства ее братьев.

В 1692 году достроен первый каменный мост через реку Москву.

Стрелецкий бунт

На Красной площади стрельцы поставили столб, на котором вырезали имена убитых ими бояр – «изменников».

В Кремле выращивали «верховые сады», располагая их на каменных сводах над палатами. В 1685 году устроили такой сад при хоромах Петра Алексеевича, которому было тогда тринадцать лет. Доски, которые поддерживали грядки, были разрисованы краской в русском стиле.

Сохранился двухместный трон Ивана и Петра с маленьким окошечком в спинке, через которое приближенные подсказывали им, как вести себя и что говорить во время дворцовых церемоний.

В 1684 году в селе Преображенском был возведен потешный городок Пресбург, над устройством которого трудился и сам Петр, затем потешные войска штурмовали эту крепость. Преображенский и Семеновский потешные полки стали предтечей русской гвардии и основой будущей регулярной армии России.

Актеры сами разносили афиши по домам знатных горожан.

Петр нередко выступал в роли младшего командира, рядового, а то и барабанщика.

В 1688 году Петр отправился в Переславль-Залесский, к Плещееву озеру, где через год заложил первую верфь для строительства судов.

Петр I Алексеевич
1672–1725

В 1689 году Петр заключил Софью в Новодевичий монастырь, где она и жила потом до самой смерти, а стрельцов, которые поддерживали его сестру, жестоко казнил. После этого он еще в течение семи лет продолжал править вдвоем с братом Иваном, хотя тот фактически и передал всю власть Петру.

Заморский овощ – картошка – впервые привезен в Россию.

Застолья при Петре славились обилием спиртного. Перепивших гостей клали в отдельной зале рядами. Популярными стали маскарады и фейерверки.

Меншикова башня – храм в честь Архангела Гавриила. Сегодня самое раннее из сохранившихся зданий петровского барокко.

Появились простой гражданский шрифт и арабские цифры. Развивалось искусство гравюры и русский лубок.

На площадях вывешивались куклы с образцами одежды.

По указу царя боярам надлежало носить заграничное платье и бриться. Непослушных ловили на улице и отстригали рукава и полы платья.

Для изучения военной науки нужны были знающие люди. Среди русских придворных таких не было, и Петр отправился в Немецкую слободу. Она находилась на правом берегу Яузы, близ ручья Кукуй. Немцами тогда называли не только уроженцев Германии, но и вообще любых иностранцев, не знавших русского языка («немых»).

На ношение бороды вводился налог. Оплатившему выдавался жетон.

Ассамблеи

Петр I любил устраивать праздники и балы в европейском духе. Но новые порядки с трудом приживались в русском обществе. Женщины смущались выходить в свет, не умели вести светской беседы. Открытые платья казались им позорными. Мужья ревновали к тем, кто решался пригласить их жен на танец.

Санкт-Петербург

Петр I перенес столицу в основанный им Санкт-Петербург, и Москва утратила свое прежнее значение.

В 1699 году вышел указ Петра о реформе календаря.
«Поелику в России считают Новый год по-разному, с сего числа перестать дурить головы людям и считать Новый год повсеместно с первого января. А в знак доброго начинания и веселья поздравить друг друга с Новым годом, желая в делах благополучия и в семье благоденствия. В честь Нового года учинять украшения из елей, детей забавлять, на санках катать с гор. А взрослым людям пьянства и мордобоя не учинять – на то других дней хватает».

Петр II Алексеевич
1715–1730

Петр II, внук Петра I, не любил Петербург, и в 1728 году столицу перенесли в Москву. Император умер в 1730 году от оспы за день до своей свадьбы. Ему было 14 лет. А через два года царский двор вновь вернулся в Петербург.

В 1737 году во время Троицкого пожара колокол треснул.

Колокол был отлит русскими мастерами Иваном Моториным и его сыном Михаилом в 1733–1735 гг.

Анна Иоанновна
1693–1740

Анна Иоанновна любила пышные балы, богатую трапезу, охоту, верховую езду. Ее покои были полны шутами, карлицами и уродками, которые развлекали императрицу своим кривлянием.

Императрице нравилось подмосковное село Измайлово, там она охотилась на тетеревов да зайцев. С возрастом верховая езда стала для нее тяжела.

Для императрицы специально выращивали диких зверей и дарили ей, чтобы она изволила застрелить их.

Елизавета Петровна
1709–1761

Елизавета государственными делами занималась мало, предоставив решение многих вопросов доверенным лицам. Во время ее правления при дворе постоянно устраивались балы-маскарады, театральные представления, которые затягивались далеко за полночь. Государыня ложилась спать в шестом часу утра. Она любила охоту, верховую езду, много внимания уделяла своей внешности.

Вступая на престол, Елизавета поклялась не подписывать смертные приговоры. И за 20 лет своего правления обещания не нарушила.

Вместо журналов мод были куклы «Пандоры», одетые в образцы платьев.

В 1771 г. случилась эпидемия чумы. Русские люди все болезни тогда лечили молитвами, что способствовало массовому заражению. Прошел слух о видении одному человеку, что икона Богородицы на Варварских воротах может всех излечить. Народ повалил к ней со всей округи. Митрополит Амвросий хотел убрать икону, но народ разгневался и убил его.

Обычай содержания огромной дворни укоренился на Руси с давних времен. В 50-х годах XVII века челядь боярина Морозова в Москве состояла, по сообщению И. Забелина, из 700 человек. Число прислуги было в некоторых домах так велико, что господа многих не знали по имени.

После бала каждому на платье ставилось клеймо, чтобы во второй раз люди в том же платье не приезжали, а шили новое.

Екатерина свергла с трона своего мужа Петра III. Она была немкой, принявшей в христианстве русское имя.

Для постройки дворца Екатерина приказала разобрать часть стен Кремля... но потом передумала, и стены были возведены заново.

Екатерина II
1729–1796

Ветхие стены Белого города мешали проходу и не выполняли уже защитных функций. На месте снесенной стены разбили первый бульвар – Тверской, ставший излюбленным местом прогулок москвичей. За ним последовали и другие, так появилось Бульварное кольцо.

Екатерина II первая в России сделала себе прививку от оспы, подав пример остальным. Она понимала огромную роль пропаганды идей Просвещения. В Москве строятся институты и дома призрения, где под призором государства воспитываются беспризорные дети.

Но в век Просвещения газеты пестрели объявлениями о «продажных людях»:

«У Пантелеймона, против мясных рядов, продаются лет 30 девка и молодая гнедая лошадь»; «Продаются за излишеством дворовые люди: сапожник 22 лет, жена ж его хорошая прачка, также и белье шьет хорошо. И цена оному 400 рублей. А оные люди хорошего поведения и трезвого состояния. Видеть их могут на Остоженке, под № 309»...

Конечно, такие высокие цены держались лишь в столице. В Новгородской губернии можно было легко купить крестьянскую девку за 5 руб.

Салтычиха – так прозвали помещицу Салтыкову, до смерти забившую многих своих крепостных. Ее судили и посадили в тюрьму до конца дней.

Самозванцы

После смещения с трона и гибели Петра III появилось много самозванцев. Больше всего сторонников собрал Емельян Пугачев, объявивший себя «спасшимся» Петром III и поднявший крестьян и казаков на войну с Екатериной II.

Самозванка, известная как «княжна Тараканова», назвалась «тайной дочерью» Елизаветы Петровны. Всего в царствование Екатерины II было около 40 самозванцев.

Александр I
1777–1825

Знал о заговоре против своего отца Павла I, но не помешал его убийству и стал императором.

В 1804 г. открыт первый городской водопровод.
Водопроводная труба проходила по акведуку через Яузу, Самотецкий пруд и снабжала водой несколько фонтанов на площадях, откуда жители Москвы и водовозы могли брать воду.

В царствование Александра I Москва восстанавливалась после пожара 1812 г. Застраивается Арбат, а до Твери проложена широчайшая дорога – та самая, которая сейчас носит название Ленинградского шоссе. Используется типовая застройка, появляются особняки и многоэтажные доходные дома.

Война 1812 года

Москвичи считали Францию законодательницей мод, а Наполеона героем-завоевателем. Никто всерьез не воспринимал угрозы. Весть о вторжении встревожила москвичей. После Бородинского сражения на совете в Филях Кутузов решил сдать Москву без боя, чтобы сохранить войско. Жители начали покидать город. Наполеон вступил в столицу 14 сентября. Он ждал, что жители преподнесут

ему ключи от города, но, не дождавшись, поехал в Кремль. Войско Наполеона, видя, какие несметные богатства оставили после себя москвичи, кинулось разворовывать город. Солдаты не подчинялись командованию. Даже генералы были заняты мародерством. Наутро Москва запылала. Пожар был столь силен, что даже каменные дома рушились от жара. Оставшись на пепелище, французская

армия стала нуждаться в припасах. Наполеон писал в Петербург письма с условиями сдачи Москвы, но не получал ответа. Начались холода, и 7 октября французская армия начала покидать Москву. По дороге во Францию Наполеон потерял большую часть войска. А москвичи вернулись в свой город.

Храм Христа Спасителя в память Отечественной войны 1812 г.

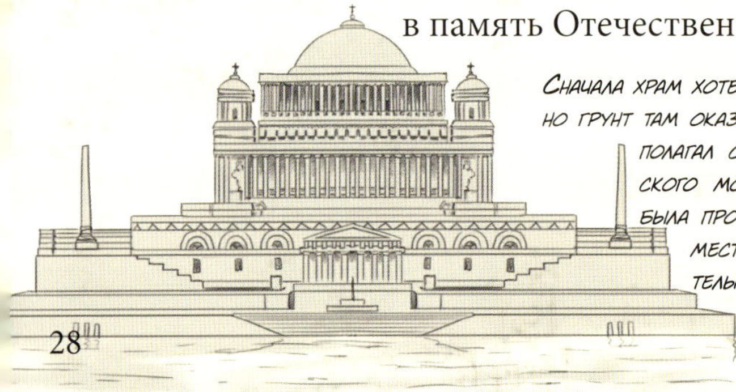

Сначала храм хотели поставить на Воробьевых горах, но грунт там оказался слабым. Новый проект предполагал строительство на месте женского монастыря. Его настоятельница была против и предрекла, что на этом месте лужа будет... Действительно, в советское время храм взорвали, а на его месте сделали открытый бассейн.

Оставляя Москву, Наполеон приказал сжечь публичные здания, склады, магазины и взорвать Кремль. И хотя фитили от дождя промокли, а часть пожаров москвичам удалось потушить, от взрывов все же пострадали Арсенал, Сенат, Никольская башня, были разрушены Петровская и Водовзводная башни, звонница колокольни Ивана Великого.

Манеж

Построен инженером Августином Бетанкуром и архитектором Осипом Бове в 1817 г. В нем мог маршировать целый полк. Для въезда в Манеж был устроен наклонный пандус.

Памятник Минину и Пожарскому

Скульптурную группу, созданную Иваном Мартосом, воздвигли на Красной площади в 1818 г. Это был первый памятник, установленный не в честь государя, а в память о народных героях.

Московские зимы были наполнены развлечениями: балы, спектакли, гуляния… С началом Великого поста театральный сезон заканчивался. Летом зажиточные москвичи старались перебраться в загородные имения, город пустел и оживал с наступлением сентября-октября. Открывался новый театральный сезон, заканчивались гимназические и студенческие каникулы, чиновники возвращались к своим обязанностям.

1825 г. – открытие Большого театра.

В театре ложи выкупались богатыми семействами на год. Они могли оклеить ложу обоями на свой вкус, поставить свою мебель. Ключ от ложи был только у ее хозяина. Прочие зрители могли купить билет в партер за рубль. Для дам билет в тот же партер стоил 2 рубля, они сидели в креслах перед сценой.

Альбом девицы

В таких альбомах гости писали стихи, пожелания хозяйке, делали зарисовки. Альбом заполнялся не по порядку, а в произвольной манере, нередко с середины.

Чай был очень дорог. Входит в моду самовар.

Дворянская усадьба – подобие маленького государства, где владелец полностью властвовал над своими подданными. Он обустраивал родовое гнездо, руководствуясь своими вкусами и возможностями. Многие помещики сами руководили хозяйством, не доверяя управляющим. Они ездили в поля, следили за вспашкой, сажали сады. Барыни присматривали за тем, как делаются заготовки на кухне: солятся огурцы, грибы, варится варенье. Вели учет и записи в журнале работ, принимали доклады старост.

В зажиточных поместьях было много слуг. Они делились на комнатных и дворовых. Комнатные жили в господском доме. «Все спали на полу, на постланных войлоках, – писал Я. П. Полонский. – Войлок в то время играл такую же роль для дворовых, как теперь матрасы и перины, и старуха Агафья Константиновна... нянька моей матери, и наши няньки и лакеи – все спали на войлоках, разостланных если не на полу, то на ларе или на сундуке». Своя комната была только у камердинера. Дворовые слуги были специалистами в определенной области: конюх, садовник, огородницы, кучер, скотница, псари... Они жили либо в отдельных домиках, либо в людской избе.

Николай I
1796–1855

В 1851 г. открылось железнодорожное сообщение между Москвой и Петербургом. Поезда ходили со скоростью 40 километров в час, и дорога между столицами занимала теперь 22 часа, втрое меньше прежнего.

Москва являлась самым крупным в России железнодорожным узлом.

Во второй половине XIX века в России происходила промышленная революция, и начали появляться не сезонные, а постоянные рабочие. До реформы 1861 г. треть рабочих составляли крепостные, теперь же все рабочие становились вольнонаемными. Однако, заключая договор с владельцем завода или фабрики, рабочие становились фактически подневольными. На некоторых предприятиях даже применялись телесные наказания. Рабочий день продолжался по 12, а то и 16 часов. Выходных было мало, действовала жесткая система штрафов. Недовольство рабочих нарастало.

Одной из самых великих реформ Александра II стала отмена крепостного права. Крестьянам даровались свобода и гражданские права. Землю же они должны были выкупать.

Александр II
1818–1881

Застроенная фабриками, загрязненная сточными водами, перегороженная Бабьегородской плотиной, Москва-река надолго утратила свое былое значение. Яуза получила характерное название Язвы.
70% Москвы составляли трущобы.

Александр III
1845–1894

Открыто выступал против засилия всего западного.
К Москве подошли новые железные дороги: Нижегородская, Рязанская, Троицкая, Курская и Брестская, что значительно усилило промышленность и торговлю Москвы. В ней возникло много новых фабрик, заводов, банков, начиная с конторы государственного банка, и разных акционерных предприятий.

В 1881 году достроено здание Государственного исторического музея.

Передвижники

В 1871 г. товарищество передвижных художественных выставок устраивало выставки картин, которые затем передвигались во многие крупные города страны. Отсюда и произошло название «Передвижники». Художники договорились отображать жизнь народа во всем ее реализме, без идеализации, — в противовес официозному академизму. В числе передвижников были Иван Крамской, Василий Перов, Исаак Левитан, Василий Поленов, Илья Репин, Василий Суриков, Иван Шишкин, Виктор Васнецов, Валентин Серов и многие другие.

С 1887 года музыку стали проигрывать на граммофонах, изобретенных в США.

Рекламные вывески закрывали почти весь фасад исторических зданий. Также рекламу можно было увидеть на конках и грузовых повозках.

В домах купцов и мещан шла «погоня за модой», здесь тоже заводили шляпки и манишки, выписывали из Парижа модные платья и сюртуки. По одежде теперь трудно было различить даму из общества и мещанку.

Николай II
1868–1918

Фрейлина императрицы писала, что Николай «был снисходителен к человеческим слабостям и обладал врожденной симпатией к простым людям — в особенности к крестьянам. Но никогда не прощал тех, кто занимался „темными денежными делами“».

В 1867 году была открыта «Московская городская галерея Павла и Сергея Третьяковых».

1894 г. – открыты Верхние торговые ряды, с 1920 г. – ГУМ (Государственный универсальный магазин).

Изначально торговый комплекс состоял более чем из 600 отдельных владений.

В 1908 году открылся магазин «Мюръ и Мерилизъ», с 1922 г. – ЦУМ.

Первая мировая война

Начавшаяся в 1914 году война заставила приспособить фабрики и заводы к выпуску военной продукции и подорвала сельское хозяйство. В Московской губернии сосредоточено 25% всего промышленного потенциала страны.

Сестрами милосердия были дворянки и даже члены царской семьи.

В быт состоятельных москвичей вошел телефон.

В 1909 г. в Москве открылся первый стационарный кинотеатр («Художественный»). Здесь показывали немые фильмы под аккомпанемент пианино.

Новый год москвичи предпочитали встречать в ресторанах. В газете «Русское слово» описывается такая новогодняя вечеринка: «Присутствующие чуть не потопили новорожденного (имеется в виду новый год) в море шампанского. И чуть не оставили его глухим, потому что громко играли оркестры, дамы визжали, а мужчины громыхали здравицами».

В 1905 году состоялось торжественное открытие отеля «Метрополь». В нем было 400 гостиничных номеров, театр и ресторан. В номерах предусматривались холодильники (наполнялись льдом), телефоны и горячая вода, что для начала XX века было диковинкой.
«Метрополь» – один из самых ярких памятников модерна в Москве.

Выгодные военные заказы способствовали баснословному обогащению московской буржуазии.

1917 г. РЕВОЛЮЦИЯ В МОСКВЕ

В Петрограде большевикам потребовалось меньше суток, чтобы полностью взять власть в городе. В Москве верные Временному правительству армейские части и горожане сопротивлялись больше недели.

С приходом к власти большевиков в стране наступила разруха. Затем началась Гражданская война, которая сопровождалась «красным террором» — карательными мерами против «классовых врагов» и «контрреволюционеров».

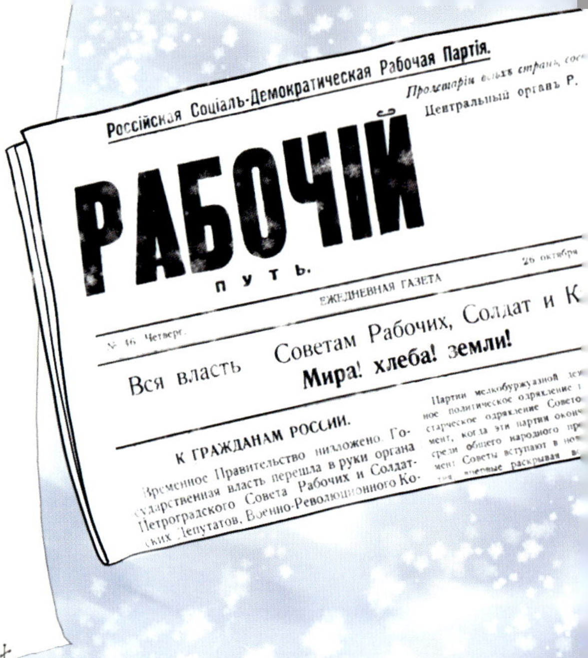

1918 г. ПЕРЕНОС СТОЛИЦЫ ИЗ ПЕТРОГРАДА В МОСКВУ

29 октября 1918 г. в Москве открылся 1-й Всероссийский съезд союзов рабочей и крестьянской молодежи, на нем провозглашено создание комсомола.

В 1921 г. в целях восстановления народного хозяйства вводится НЭП — новая экономическая политика, сменившая политику «военного коммунизма». Поддерживаются мелкие производители и торговцы.

УПЛОТНЕНИЕ

В 1918–1920 годах проводилось массовое изъятие «излишков жилплощади». Большие многокомнатные квартиры превратились в коммунальные, где в каждой комнате иногда селили целую семью. Кухня и ванная были общими. Залы делили на комнаты картонными перегородками, которые даже не доставали до потолка. Чтобы соседи не подслушивали, все включали громко радио или ставили на примусы чайники.

В 1934 г. построен самолет-гигант АНТ-20 «Максим Горький». На борту находились разнообразные средства агитации, в том числе громкоговорящая радиоустановка «Голос с неба», радиопередатчики, киноустановка, фотолаборатория, типография, библиотека и др. Самолёт оснащён пневматической почтой.

1924 г. – первый жилой массив решено было строить на улице Усачева. 1932 г. – начинают работать крупные московские заводы – «Шарикоподшипник», «Калибр», «Фрейзер».

1922 г. — на I Всесоюзном съезде Советов в Москве утверждено образование Союза Советских Социалистических Республик.
1929 г. — V Всесоюзный съезд Советов принимает план первой пятилетки.
НЭП сворачивают, начинается коллективизация, образуются колхозы и совхозы. Полным ходом идет строительство социализма.

Двуглавые орлы находились на верхушках шатров кремлевских башен с XVII века. Первая звезда была установлена в 1935 г., на Спасской башне. В центре звезды уральскими самоцветами был выложен символ Советской России – серп и молот. Вскоре от копоти звезды потускнели. В 1937 г. принято решение заменить их на звезды из рубинового стекла со светом мощных электроламп. Благодаря своей конструкции звезды могут вращаться как флюгеры.
Моют рубиновые звезды каждые 5 лет.

Первый, деревянный мавзолей был построен в 1924 г. Он простоял 5 лет. И в 1929 г. мавзолей был отстроен из гранита. Там до сих пор лежит забальзамированное тело вождя пролетариата В. И. Ленина.

Выставочный комплекс был официально открыт в 1939 г. как «Всесоюзная сельскохозяйственная выставка» (ВСХВ). Выставка представляла собой целый выставочный город из 250 строений, прудов, парков, опытных участков.

Чтобы расширить улицы, в 1930-е годы дома, имеющие историческую ценность, срезают с фундаментов и передвигают, причем не выселяя жильцов. Во время передвижения в домах продолжали работать канализация, водопровод и электросети.

В изобразительном искусстве 20–30-х годов создавались новые направления и многочисленные объединения художников. Развиваются архитектура и монументальное искусство, книжная графика, в том числе детская иллюстрация.

В это время в Москве творили Владимир Маяковский, Борис Пастернак, Михаил Булгаков, Максим Горький, в 1939 г. вернулась из эмиграции Марина Цветаева.

Плотность населения и скученность в Москве была ужасающей. Быт был крайне суров и непритязателен. Во многих домах не работало отопление и водопровод. В 30-х гг. в Москве и по всей стране действовала карточная система распределения продовольствия. Огромные очереди за едой были обычным делом в то время. Официальная пропаганда рисовала образы счастливой, оптимистичной жизни.

В конце 1920-х годов возникла идея сооружения в Москве Дворца Советов. Здание должно было стать самым высоким в мире на тот момент – 420 метров. Дворец решено было построить на месте Храма Христа Спасителя. В 1931 г. храм взорвали, но Дворец Советов на его месте так и не построили.

1935 г. — Центральный Комитет ВКП(б) и Совет Народных Комиссаров СССР принимают первый генеральный план реконструкции Москвы.

С 1939 г. организовано постоянное телевизионное вещание.

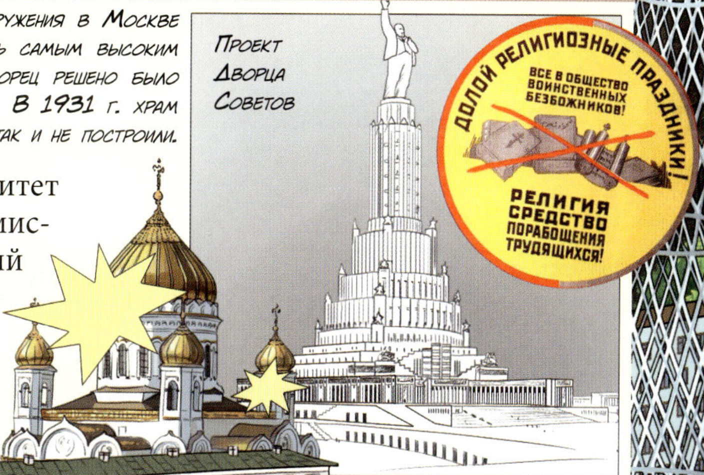

Проект Дворца Советов

1935 г. – открыта первая очередь Московского метрополитена. Первая линия шла от станции «Сокольники» до станции «Парк Культуры» с ответвлением от станции «Охотный ряд» до «Смоленской».

Транспортный коллапс. Именно тогда появилось выражение «хам трамвайный».

Шуховская башня (1920–1922 гг., арх. В. Шухов). На то время это была самая высокая башня в России. А 19 мая 1922 г. отсюда впервые начали трансляцию радиопередач.

Великая Отечественная война 1941–1945 гг.

В ночь на 22 июля 1941 года немецкая авиация совершила первый налет на Москву. Строились баррикады, минировались дома. Значимые здания маскировались: на крышах рисовались парки, малоэтажная застройка. Студентки и школьницы копали противотанковые рвы трехметровой глубины и устраивали лесные завалы на подступах к городу. В самой столице было оборудовано 1500 огневых точек и установлено 2500 металлических противотанковых ежей. Город готовили к боям на улицах.

Рубиновые звезды потушили и зачехлили брезентом.
Кремль расписали под жилой квартал. С колокольни Ивана Великого сняли крест и покрасили купола в серый цвет.
Канал заставили баржами с сараями.
Горожане дежурили на крышах и тушили зажигательные бомбы.
БУЛОЧНАЯ
ХЛЕБ
У граждан отобрали фотоаппараты, и военную Москву мы можем увидеть только на снимках отечественных и зарубежных журналистов.
С самолетов бросали не только бомбы, но и листовки, призывающие сдаваться без боя.
Метро служило бомбоубежищем. За всю войну в Московском метрополитене родилось 217 детей.
ИОСИФ СТАЛИН
Диктатор, правитель СССР
Руководил государством почти 30 лет.

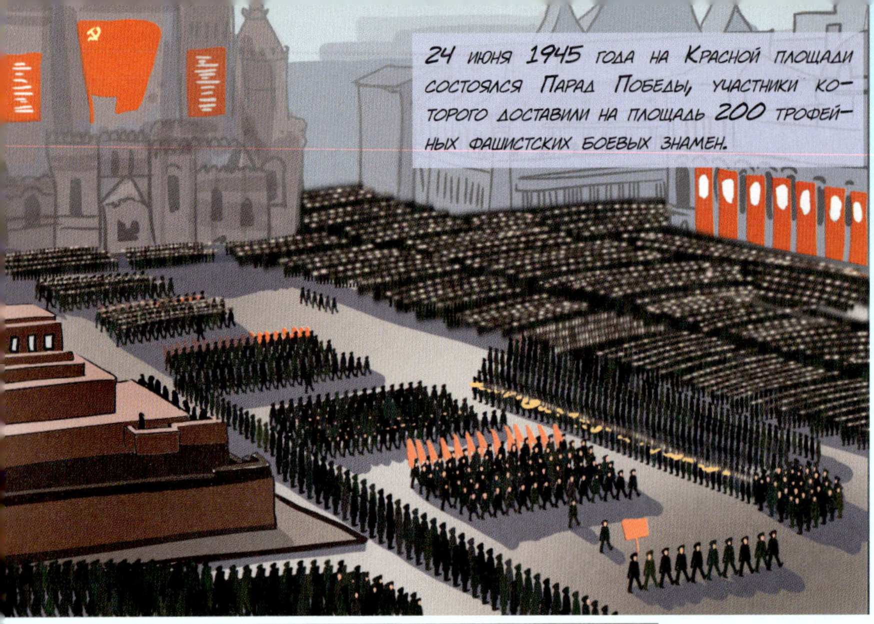

24 июня 1945 года на Красной площади состоялся Парад Победы, участники которого доставили на площадь 200 трофейных фашистских боевых знамен.

1960–1980-е годы: «ЭПОХА РАЗВИТОГО СОЦИАЛИЗМА»

После войны начинается активное строительство. Возводятся сталинские высотки административно-жилого характера. Например, в Главном здании МГУ размещены механико-математический, геологический и географический факультеты, администрация, научная библиотека, музей, актовый зал. В боковых флигелях – общежитие для студентов, квартиры преподавательского состава. Это был дом с замкнутой коммунально-бытовой инфраструктурой (кинотеатр, почта, предприятия бытового обслуживания и т. д.).

В 1961 году построен Кремлевский дворец съездов. С 1992-го переименован в Государственный Кремлевский дворец.

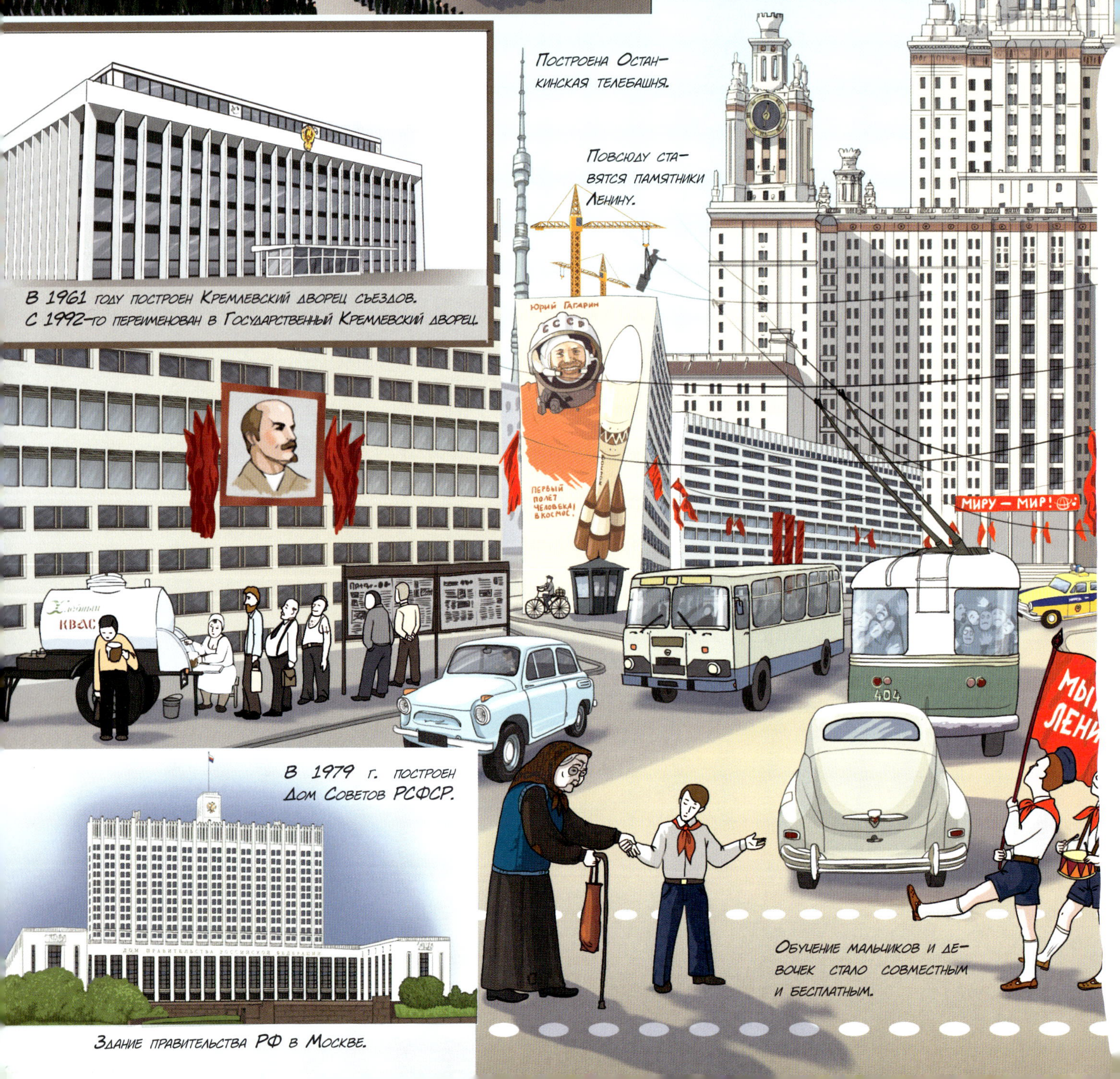

Построена Останкинская телебашня.

Повсюду ставятся памятники Ленину.

Обучение мальчиков и девочек стало совместным и бесплатным.

В 1979 г. построен Дом Советов РСФСР.

Здание правительства РФ в Москве.

Хрущевская «оттепель»

Активность репрессий значительно снизилась. Уменьшилось влияние идеологической цензуры. Развернулось жилищное строительство.

В это время Высоцкий выступал на квартирах, запрещенный советской цензурой Солженицын издавался самиздатом. Взошла официальная звезда советской эстрады Алла Пугачева.

Советское время было эпохой стандартизации. Стандартизирован был и сам образ жизни. У всех были типовая мебель, типовая одежда, типовая техника. В домах простых обывателей появились телевизоры и холодильники. Но товаров производилось и закупалось за границей меньше, чем было желающих их купить. Все надо было «доставать». В очередях за бытовой техникой стояли сутками, записывая номера на руке. Появились ограничения по продаже дефицитных товаров «в одни руки». В очередях стояли семьями.

Активно велась пропаганда коммунистических идей и советского образа жизни.

Открытый бассейн Москва

Приостановленную во время войны стройку Дворца Советов возобновить не смогли. Станция московского метро «Дворец Советов» была переименована в «Кропоткинскую», а в котловане был устроен открытый бассейн «Москва».

1985 г. - НАЧАЛО ГОРБАЧЕВСКОЙ ПЕРЕСТРОЙКИ

В 1991 году произошел распад СССР.

В октябре 1993 г. указом Б. Ельцина в Москве было объявлено чрезвычайное положение, в город введены войска. Произошли вооруженные столкновения, штурм здания Верховного Совета (Белого дома).

В 1990–1991 гг. начался массовый выход из членов КПСС. В августе 1991-го, после неудавшейся попытки государственного переворота, деятельность КПСС была приостановлена, однако на ее месте тут же возникли несколько коммунистических партий.

М. С. Горбачев
Первый и единственный президент СССР

Обманутые и разорившиеся люди приезжают в Москву в поисках правды. У Дома правительства возникает палаточно-коробочный городок.

Шахтеры объявляют забастовку и требуют выплаты зарплаты.

Поток товаров из-за границы захлестывает рынок. Всюду образуются торговые точки.

В 1990-е годы появляются первые мобильные телефоны.

В июне 1989 г. проходит Первый съезд народных депутатов СССР. На заседаниях думы происходят массовые драки. Все рвутся к микрофону и говорят одновременно. Телевидение ведет трансляции с заседаний.

Между «новыми русскими» постоянно происходят стычки.

По Москве прокатывается волна терактов. Террористы устраивают взрывы в домах, общественном транспорте, торговых точках...

На улицах появляется много нищих.

1995 г. – убит телеведущий Владислав Листьев.

Б. Н. Ельцин
Первый президент РФ

Об[redacted]дому выдается ваучер — бумага на право пр[redacted]акций того или иного предприятия на фиксированную сумму. Население не знает, что с ними делать. В результате госпредприятия распродаются узкому кругу лиц по баснословно низким ценам. Деньги обесцениваются. Наступает продовольственный кризис, вводятся талоны на продукты первой необходимости: мыло, водку, сахар... По телевизору наивных жителей учат заряжать воду и лечиться ею от всех болезней. В моде экстрасенсы.

Открывается первый Макдоналдс.

На работе перестают платить зарплату деньгами и выдают ее производимой продукцией. Люди пытаются сами продать никому не нужные вещи.

Преступность достигает небывалых размеров.

Яркой чертой этого времени являются финансовые пирамиды. Наиболее крупная из них, МММ, оставила без средств огромное количество своих вкладчиков.

МММ

Зураб Церетели украшает Москву своими гигантскими статуями. Так, общая высота памятника Петру I составляет 98 метров.

В 1997 г. завершилось строительство подземного комплекса торгового центра «Охотный ряд».

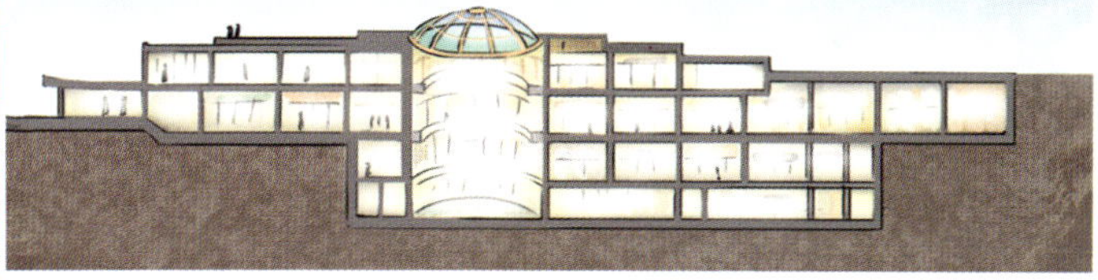

Юрий Лужков

Мэр Москвы на протяжении 18 лет (с 1992 по 2010)

В 1994–1997 годах воссоздаются такие памятники архитектуры, как соборный храм Христа Спасителя, Воскресенские (Иверские) ворота Китай-города и Собор Казанской иконы Божией Матери — православный храм перед Монетным двором на углу Красной площади и Никольской улицы.

Русской православной церкви возвращены все храмы. Появляется своеобразная мода на религию.

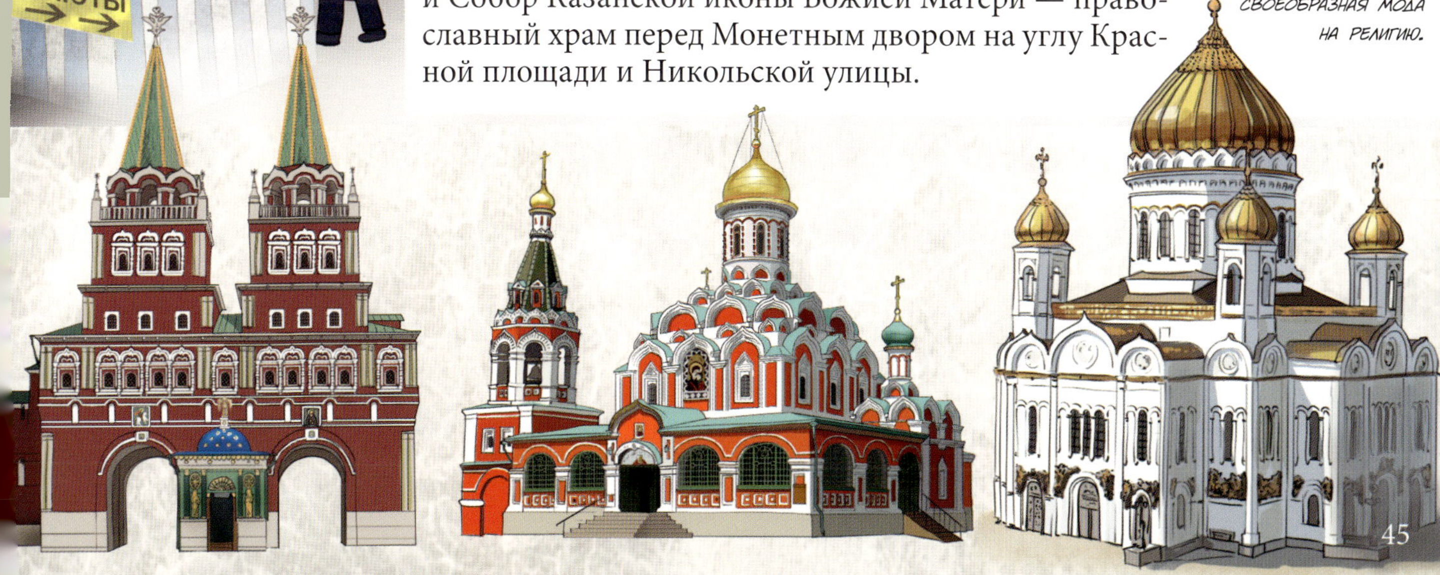

[illegible]осква-Сити» — это настоя-[illegible] в городе. В его небоскребах и под-[illegible]ых этажах расположились офисы крупных компаний, жилые апартаменты, торговые и развлекательные комплексы, киноконцертный зал на 6000 мест, рестораны, гостиницы, автостоянки.

«Гора», «капля», «улитка», «волна» и «ухо» – это всё прозвища одного дома, необычные формы которого вызывают восхищение прохожих (Ходынское поле).

Этот дом на улице Машкова прозвали «яйцом Фаберже». Образец так называемого «лужковского стиля» в архитектуре.

«Гастарбайтеры» – рабочие из бывших советских республик – своеобразный колорит времени.

Москва столкнулась с серьезной перегруженностью дорог частным автотранспортом. Многочасовые пробки стали настоящим бедствием.

На территории центра «Москва-Сити» находятся три станции метрополитена, а наиболее важные объекты соединены еще и пешеходным бульваром, через который ежедневно проходят более 50 000 человек.

В 2010 г. построен новый музейный комплекс – воссоздан дворец царя Алексея Михайловича в Коломенском. Он представляет собой железобетонные конструкции, покрытые бревнами.

В историческом центре появляются новые пешеходные зоны. Первой такой зоной еще в 1986 году стал Арбат – самая аристократическая улица Москвы. Здесь жили известные русские дворянские фамилии: Толстые, Ростопчины, Гагарины, Долгорукие, Кропоткины, Шереметевы, Голицыны, Трубецкие.

Татьяна Емельянова
История Москвы

Руководитель проекта: Алексей Маркушев
Художник: Татьяна Емельянова
Подготовка текста: Татьяна Емельянова
Редактор: Наталья Смирнова
Корректор: Наталья Смирнова

Сайт автора: www.yamel.ru